секс это не любовь

Дерек Лемон

Содержание

Глава 1 Начало

Это был 1982, и как а трехлетний, я имел нет идея что моя жизнь перевернулась бы с ног на голову, меня собирались бросить

в мир сексуальных извращений без моего разрешения. Я верю, что дьявол может предчувствовать, кем мы станем, и для некоторых из нас, он немедленно атаки, но это является допустимый к БОГ! Ко мне приставали трое взрослых, одна женщина и двое мужчин, все еще живые, и позже я обнаружил, что я был не единственным ребенком, подвергшимся такому насилию.

я был а застенчивый ребенок уже, и этот делал нет помощь для годы. Когда я говорил, я держал голову опущенной, из-за чего меня не услышали, но к быть честный, большинство из мой жизнь, я иметь чувствовал себя нравиться этот невидимый Я знаю сейчас что является тот ложь тот дьявол использовал к держать мне в жалость к себе. Сегодня я благодарен за свободу от этой неправды. У меня также были проблемы с самооценкой. Я подумал: кто вообще может меня любить? Моя мать был 16 когда она рожденный мне а ребенок сама. Мой отец был женатым человеком, которого никогда не было в моей жизни.

Моя бабушка Дженни (RIP) и дедушка ЭлДжей тоже как дяди и тети, поднятый мне для тот первый три годы моей жизни.

У врага был хорошо продуманный план отвержения, оставления и страха за мою жизнь. Сейчас, в 44 года, я понимаю то, чего не мог постичь все эти годы, когда мои родители сами занимались какими-то делами, и я подумал, а зачем я пошел этим путем? У БОГА был замечательный план, и, несмотря на все это, моя жизнь не была такой уж плохой. Мой дедушка сказал мне, когда я был ребенком, я немного поиграю со своими двоюродными братьями, а потом уйду сам. Моя бабушка считала, что это неправильно, и пыталась изменить мою природу, а дедушка говорил: нет, оставь его в покое; он не будет таким, как все, и это очень верно.

я хотеть к делиться некоторый подробности и опыт что вести я в кроличьей норе, пытаясь найти любовь, принятие и мир никто из эти вещи являются найденный снаружи из а настоящий подлинные отношения с БОГОМ, нашим Создателем. Я узнал, что Бог — ревнивый БОГ, И перед ним не будет другого бога. Я молюсь что к чтение мой спасательный круг, ты воля видеть сам в это и найдите утешение и восстановление во всей своей жизни.

Я скажу, что это было совсем непросто, потому что дьявол никогда не оставит меня в покое навсегда, но у меня есть убежище. в БОГ через Иисус Христос, наш Господин и Спаситель! Я приветствую вас всех, чтобы испытать Секс – это не любовь.

Начало

Бог благословил,

«Д»

Детская невинность — это такая чистая вещь, радость, мир и свобода, которые она приносит.

Это благословение, которое было у Адама и Евы, пока не пришел грех и не нарушил их путь.

Я могу вспомнить их прежнюю ситуацию до того, как извращение распространилось, оставив меня в замешательстве, оскорблении и использовании.

Теперь я взрослый человек и наконец-то столкнулся с болью. Я молюсь, чтобы мои испытания и уроки пошли вам на пользу.

Любовь,

«Д»

Глава 2 Безотцовщина (быть без отца)

Позволять мне начинать выключенный к говоря я делал иметь а мужчина физически присутствовал в моей жизни, но на этом всё. Он был недоступен духовно или эмоционально; я понимать сейчас что мой папа мог нет давать мне что он делал нет владеть сам. Его отец вообще не был эмоциональным человеком, мужчиной мужчины, если хотите. я имел разговор с папой о это и он сказал, что чувствует, что выразил любовь к предоставление, и к мужской стандарт, да, это здорово, но стать отцом — это немного более подробно. Я должен упомянуть я держать нет больной воля к мой папа потому что того, что он не мог мне дать в то время.

я знать сейчас а ребенок, мужской женский, воля нуждаться к слышать я люблю тебя, горжусь тобой, работа сделана хорошо. Если в отношениях больше дисциплины и меньше наград и похвал, ребенок может вырасти жестким и отстраненным, как будто он ни о ком не заботится. но сам. я спрятал некоторый эмоции и другие я мог не содержать, и за это его тоже назвали сумасшедшим. я теперь в курсе огромной пустоты, которую это оставило во мне и заставило меня пойти и попытаться и наполнять это. Мой Папа делал рассказывать мне позже на он был гордый из мне.

я делал что к становится сексуально активный в 13. я должен Я никогда не открывал этот ящик Пандоры, потому что тогда я еще не знал был что это бы расходы мне дорогая, и я бы платить в полный. Я предупреждаю всех: пожалуйста, не вступайте в беспорядочные связи, как это сделал я. Это рана, нанесенная самому себе, которая заживает годами и уходит. тот остаток из боль за а пока.

я был сексуально нарушен три раз к а брат сестра дуэт, не в тот такой же время, и их первый двоюродный брат был так противоречивый как ребенок. Да, я был несовершеннолетним из 5. У меня были все эти неестественные мысли. Я знал, что они ошибались, но что-то внутри меня было сильный, и я в конце концов отдал в тот искушение и впал в сексуальный грех. Могу поспорить, некоторые из вас были бы шокированы, узнав имена этих хищников, особенно женщин; Могу поспорить, что они тоже стали жертвами насилия. Это ужасный цикл. Распространение сексуальных извращений вызвало проблемы в мой семья единица; мой папа и мама имел а разговаривать с меня, когда меня поймали за чем-то с кузенами. Я остановился на некоторое время, пока не стал достаточно взрослым, чтобы пойти и поэкспериментировать с парнем из школы постарше. Я никогда не хотел иметь внутри себя однополое влечение! Я знал, что это неправильно, и когда я это сделал, меня переполнили стыд и вина. Я бы кричал, чтобы Бог и просить, почему являюсь я нравиться этот? Люди не нравиться мне уже, а теперь это?

я хотеть к упомянуть что я не обвинять любой для мои действия в все; я являюсь просто рассказывать мой история к помощь кто-нибудь другой.

безотцовский

Я считаю, что большинство детей, особенно сыновей,
обратитесь к своему земному отцу за подтверждением и основанием.
У меня не было такой роскоши;
маленький мальчик внутри меня был испорчен,
и поэтому доверие к мужчинам было сильно подорвано.
Как я могу доверять мужчине, если я никогда не чувствовала себя защищенной или даже выбрано?
Я действовал из-за своей душевной боли и имел плохое отношение, что создало некоторые внутренние и внешние раны.
Слова, которые я произносил, чаще всего были резкими, но они отражали мое сердце.
Сейчас я на пути к выздоровлению и открытиям.
Моя личность — в том, кто меня создал, а не в каком-то человеке, привязанном ко мне.

Глава 3. Скрытие

я вырос вверх очень быстрый. я начал работающий в тот возраст из 13, как и многие южные дети. Я работал в месте под названием

Блинный дом в Кенли, Северная Каролина, я был посудомоечная машина. Чувствовалось хорош для быть способный к зарабатывать мой собственный деньги и к окончательно быть способный к купите обувь известных брендов, и вас больше не будут за это дразнить в школе. Помню, однажды этот парень смутил меня в группе. из ребята потому что я носил Конверс, они были тогда не круто носить. В конце концов я подрался с ним и избил его в ванной. У нас был только один очевидец. Мне надоел его большой рот, и когда он бросил мне вызов, я принял его. и выиграл.

Я хорошо помню это Рождество. Это был первый сексуальный сталкиваться я имел с а девочка я делал нет знать что я вообще делал. Я скажу, что у этой молодой девушки было гораздо больше

опыт. Она бы позже получать беременная к мне и делал даже не говори мне. Только много лет спустя я узнал от моей кузины Хоуп Уинстон (RI.P.), что я знал, что боролся с однополым влечением после того, как был нарушены в более раннем возрасте, и это делал приходить вне в мой личность и поведение как хорошо. я был так стыдящийся из сам, даже мой собственный Говорящий голос. я в розыске измениться, но не знал как.

я датированный другой девушки и, в тот время, делал нет осознать, что это было обложка, чтобы меня не узнали, но скажу, что никогда никем не пользовалась в все или обманул. Если я был с кто-то, я был преданный и верный. Я встретил еще одну девушку, которая дружила с моей сестрой. Я помню, как пришел домой из Job Corp, и эта девушка была такой хорошенькой, но она была на пять лет моложе. Я не решался с ней разговаривать, потому что она была красивой девочка, и я был сексуально активный и делал нет хотеть разрушить ее жизнь. В то время я не был поклонником защиты.

Я смягчился и начал с ней встречаться; Когда я говорю вам, что это были одни из лучших отношений, которые у меня были, и одни из худших, позвольте мне объяснить. Мы встречались как гражданские лица, а затем воссоединились как военные. члены. Это был забавный, на самом деле; я был на ее база на школьную подготовку, и я стоял в очереди в столовой, чтобы пообедать, и она сказала, что вошла и увидела мою фамилию на моих форменных штанах. Она сказала, что сразу подумала обо мне. Хорошо, маленький делал я знать она был позади мне, и Я обернулся и увидел, что она все еще прекрасна с этими карими глазами.

Я не знал, что чувствовать, но знал, что наши пути снова пересеклись не просто так. Подведу итог: мы снова начали встречаться, и когда я приехал в Вирджинию, она находилась в Мэриленде. Мы впервые сошлись физически, и она забеременела. Мне потом сказали, что она решила прервать беременность, и позволять мне сказать я являюсь нет позор ее в все. я желание Я имел право голоса, но не сделал этого. Кроме того, я бы никогда не раскрыл, кто она такая. так когда я получать к небеса, я иметь два Дети ожидающий для мне встретиться.

Я скажу, что меня сильно преследовали из-за духа гомосексуализма. что был на мне, и некоторый люди сделал мне тоже чувствую себя прокаженным. Это никак не повлияло на мою самооценку. Было больно, очень сильно. Я надеюсь, что кто-нибудь пойдет сквозь это получает Поддержка и любовь они нуждаться к быть способный к ходить в их божественная свобода.

Глава 4. Семейная жизнь

я иметь был сказал что а мать знает когда она имеет а ребенок с гомосексуальными наклонностями. Я хочу сказать вам, что это правда, и я делал нет рассказывать мой мама лицо к лицу. Она был а строгий человек, и я никогда не слышал, чтобы она ругала геев. Мне просто было стыдно, поэтому я написал ей письмо, и, к моему удивлению, она не ответила. отрицательно в все. Моя борьба стала ясна, когда я пригласил а парень я встретил в Работа Корпус, и мой чувства повернулся во что-то еще. Этот делал нет конец хорошо, и этот вызванный а еще большая дыра в нашей семейной динамике. Я чувствую ответственность за то, что принес этот парень вокруг; он вызванный некоторый боль нет только для я, но и вся моя семья.

я брать ответственность для мой участие в тот ситуация, и наша семья никогда не была прежней, даже сегодня. Меня несколько заменил этот парень, и я вернулся к маленькому мальчик ВОЗ был отклоненный и заброшенный. Сол отдал прочь все мои домашние вещи, и позвонил своей тете Бланш Уайт (RLP) в Ричмонд, штат Вирджиния, и переехал туда примерно на два года. Я забыл упомянуть, что мой биологический папа вообще меня не воспитывал. На самом деле я знаю, где он живет, и у меня есть его номер, но мы не знаем. иметь а отношение в все. Мой мать найденный вне он была замужем, и ей было всего 16, когда она родила меня, она быстро разорвала отношения и прервала его, и если бы он не мог ее, он делал нет хотеть мне или. Мой отец был смелым , потому что моя мать и его жена учились в одной школе, он был а путешествие, верно? Он сделал а выбор нет к быть в мой жизнь, и в результате ущерб был сделано внутри. Я все еще выздоравливаю в 44 года. Хочу сказать, что простил его и никогда не проявлял неуважения. ему в все как а родитель, даже хотя отсутствующий.

Отцы и матери, пожалуйста, поймите: какими бы ни были ваши ребенок не хватает в дом, они может и воля находить где-нибудь еще, и большинство раз, это воля быть а ущерб к сами себя. я Я живой свидетель. Я хочу сказать! Я благодарен за разоблачение, потому что что-либо мы не противостоять; мы не мочь получать исцелённый и доставлено от. Бог имел а план все вдоль, и я делал нет даже знаю это. Послание к Римлянам 8:28 должно было стать по-настоящему активным в моей жизни!

я иметь имел к позволять Бог к показывать мне сам и принять, принять и скорректировать во всех областях. Я попросил Бога показать мне мою уродливую сущность. Да, у меня были некоторые глубоко укоренившиеся проблемы с гневом, которые вышли наружу. в тот неправильный раз. я имел а плохой отношение, и я делал нет доверять кому угодно, особенно Мужчины. я бы нет оставаться в а работа длинный если ты разозлился мне выключенный. я бы покидать и идти на к тот следующий. я был а хороший работник, просто у него точно было плохое отношение.

Я устал все время злиться. Я помню, как молился этот простой молитва, и ой мальчик, делал мой жизнь изменять. Я молился Богу Я пойду туда, куда ты хочешь мне идти, и «Я сделаю то, что ты хочешь, чтобы я сделал хорошо», — услышал он меня, и это была игра. на.

Глава 5. Учёба и двигаться дальше

Должен сказать, что в школе я не был учеником, но и не был дураком. или в все. я делал выпускник и делал нет нравиться школе, в основном из-за издевательств, которые я получил. мне пришлось поехать летом школа очень рано на, и я делал нет пытаться, и пока мои родители (мама) Папа был в дороге водителем грузовика. Я скажу, что вы должны иметь терпение к ребенку, который может учиться по-другому, в противном случае вы можете подорвать его самооценку. Это случилось со мной. Я не мог расстраиваться, потому что я не понимать. я воля сказать что любой из наш болит и боли мы проходить вдоль к наш Дети если мы не распознавать и получать бесплатно, и я получил некоторую боль, от которой потребуются годы, чтобы оправиться .

Я всегда знал, что могу больше. Я практичный, быстрый ученик, и я показал что в тот рабочие места я работал. я начинал в сетях быстрого питания и в 17 лет получил повышение в McDonald's. Это был быстро развивающийся, и я побежал тот назад. Это был весело, хотя мне понравился вызов. Я быстро приближался к выпуску и понятия не имел о своем будущем.

я делал что большинство делал и получил а работа и только хранится идущий, и хотя он оплачивал счета, я все еще чувствовал стремление к большему. Должен отметить, что я всегда отличался от своих братьев, сестер и других членов семьи, и я не мог этого скрыть. мне было не интересно в улица жизнь в все; уникально спроектирован. Я рад, что мне вообще не пришлось следовать за толпой. Я так рада, что многие погибли, пытаясь приспособиться.

я окончательно пришел к а точка и решенный к идти получать а торговля, так Я изучил вариант Job Corp, который моя мать посещала в Кентукки после того, как родила меня. Я думал, что хочу заняться сельским хозяйством, но однажды инструктор сказал, что змей убивать нельзя .

я спросил, "Где делать я идти к знак вверх или что-нибудь другое, и это была барабанная дробь, Кулинарное искусство?

Я был входя во что-то Я не был знаком. Моя мама

готовила, я ел, и все. Ой ага, я промытый тарелки как хорошо. я был нет тот лучший готовить, но Мне это очень понравилось, и я встретил несколько действительно хороших людей. Мы были толстыми, как воры, всегда резка вверх; люди бы ненавидеть к видеть мы позади очередь за обедом. Я остался в программе нао один год и а половина или так. я полагать этот зажег моя вера в то, что я могу добиться большего и стать лучше.

Я ушел оттуда и вернулся домой; там не было достаточно места для мой родители, так я имел к получать мой место. я остались в Северной Каролине для о а год или более, и затем я взолнованный к Ричмонд, Вирджиния. я жил с мой Тетя Бланш Белый и Дядя Кларенс; они оба ушли, RIP. Я был рад возможности начать все сначала в новом городе и был благодарен, что навсегда уехал из Северной Каролины .

я остались здесь для о два годы и начал к получать беспокойный как если я знал мой время был вверх там, и это был. я однажды помолился: «Господь, все, что Ты хочешь, чтобы я сделал, я сделаю, и, о боже, меня ждал сюрприз в виде ВМС США ».

я воля упомянуть мой Тетя Хэтти Стэнсил пророчествовал что Я бы вступил в армию за несколько лет до того, как подумал: «Я не пойду ни в чью армию». Бог сделал меня лжецом.

Глава 6 Зеркало Зеркало

Как много раз иметь ты встретил кто-то и ты сразу все не нажал? В большинстве случаев вы и этот человек разделяете некоторые оплот в общий и увидеть это в каждый другой и мне это не нравится. У меня есть младший брат Евгений, и мы с ним очень похожи. Я имею в виду, он почти родился в мой день рождения. У нас разница 14 лет; когда он вошел в семью, он был как бы первенцем. У него была любовь и внимание, которые я всегда в розыске, и из курс, это сделал мне ревнивый из ему. Он даже почувствовал мою неприязнь к нему, и теперь я могу признать свое разочарование. были неправильно направленный для конечно.

Он не мог помочь тому, что его любили и обожали, а меня не так любили и обожали, и со мной было не так-то легко ладить. с или, к быть честный. я пытался саботаж мой Брак родителей был один раз, и он провалился. Я был в полном беспорядке, вы все мои

Пастор только недавно начал а ряд на Соулиша боль и травма и почему мы делаем то, что делаем. Теперь я понимаю, насколько это глубоко и было, и я так благодарен за это учение.

я понимать сейчас как мой родители боль получила прошедший вниз к

мне через поколение проклятия, и однажды что-то идет в, это всегда выйдет наружу, и когда это произойдет, это будет некрасиво. Я прошу прощения к мой маленький брат, и я должен сказать он имеет оказался прекрасным молодым человеком. Мне нужно было столкнуться с суровой истиной, и Бог знает это бы повредить нравиться черт, и это делал. я

можно сказать, что это сделало меня тем, кем я являюсь сегодня. Мне нужно было новое отношение и мышление, который тот Военно-морской отдал мне, я являюсь благодарен для то время.

Я должен признать, что во время моего призыва ко мне лучше относились люди, которые не были похожи на меня, за исключением этого филиппинского старшего начальника, который был тайным расистом. Я действовал после того, как мне поставили диагноз болезни, которая изменила мою жизнь, и мой крик для помощь был встретил с, я являюсь идущий к писать ты вверх. я ненавидел это долг станция. я воля нет имя это потому что затем тот парень можно было идентифицировать. Я уже пережила это, но это было очень больно и пустой время в моя жизнь.

Я благодарю Бога за то, что он провёл меня через это. У меня было два соседа по комнате, у которых не сложилось; Я считаю, что один из них пытался получать их друг к повредить мне в мой собственный дом. Благодарить Бог для Его защиты. Я прошел через это с людьми, которым должен был иметь известен; больший был мой цель.

Как я смотреть в ты, я смотреть в сам. я понимать лучше, чем вы знаете, что вы взываете о помощи. Как маленький ребенок, который не мочь говорить, твой слова побег ты, ты нуждаться мир. Вы боретесь и спорите, чтобы доказать, насколько вы сильны, но внутри вы знаете, что совершенно неправы. Какой смысл показывать пальцем? Ненависть делает тебя злее, и кто захочет мириться с таким поведением? Вы понимаете, что больны и нуждаетесь в помощи?

Помощь от твой ситуация что причины разочарование. я иметь в виду, это явный признак того, что мир сердца, разума и духа уже давно с взятый а постоянный отпуск. Так, ты находить вина в других когда тот доска является четко в твой глаз к игнорировать этот это просто ложь.

Зеркало Зеркало

В большинстве случаев то, что мы видим уродливым в других, также находится внутри нас.

Мы принимаем крайние меры и прикрываем это гордостью, и так болезнь продолжает распространяться.

Я умоляю вас встретиться лицом к лицу с человеком, которого вы видите каждый день, и попросить Бога помочь изменить образ, который вы видите.

Мы никогда не были созданы по моему образу.

ТОЛЬКО образ Божий изменится и принесет вам победу.

Глава 7 с разбитым сердцем

Я помню одно субботнее утро; Я был взволнован, как будто это было Рождество. Я видел своего биологического отца, и он пообещал, что приедет и отвезет меня за подарками, и, чувак, я был вне себя от радости. Сейчас, я воля сказать он имел сделал обещания и не удержал их, но на этот раз все было по-другому. Я ждал и ждал, и он делал нет приходить в все. я был потрясенный этот время. Я помню мой мама рассказывать мне что я бы находить вне ВОЗ был мой отец, и в 11 лет я узнала, что у меня никогда не будет отношений с отцом.

Теперь я знал, где он живет и на чем ездит, и у него даже была теща, которая жила через дорогу от меня. Он бы посещать ее часто. я представлять себе видя ему и ему действующий как будто меня не существовало. Теперь я знаю, что мое недоверие к мужчинам выросло в тот день, и с этого момента я буду восставать против авторитетных мужчин в своей жизни. Мужчины в моей жизни в какой-то момент меня подвели, и я понимаю, что нельзя дать то, чего у тебя нет никогда! Мои отношения с мужчинами были неблагополучными, и я жаждала признания со стороны представителей мужского пола. Каждый раз, когда что-то выходит из строя, оно становится искривленным.

я был приставал, и что повернулся в гомосексуал чувства и опыт что Я был стыдно, но теперь я понимаю что Иисус бурить все из этот на крест на Голгофа. я не иметь к бояться из что люди сказать, и позволять мне рассказывать ты а секрет. Если а парень или девушка всегда ругают геев, они тайно хотят их. Я мог бы рассказать вам несколько историй из моей юности. я был сексуально преследовали все тот время к так называемые гетеросексуальный Мужчины.

Родители слушать, особенно Мужчины. Позволять твой мальчики знать что ты любишь их, обнимаешь их и покажите им свою привязанность, чтобы они не пошли и не попытались найти ее на улице, потому что у сатаны всегда есть запасной план, как он сделал для себя, и мы все знаем, как это сработало. Я дам своим детям понять, что их любят, обожают и что они созданы по образу Божьему. Это жизненно важно необходимый, но снова, если этот имеет нет был внушаемый в взрослый, воспитывающий вас, скорее всего, сделает это, но не сможет.

Сыну нужен духовно обоснованный человек, не говоря уже девочки нет. я являюсь Говорящий от тот мужской перспектива; а сын потребности мужчиной, который не боится показать свою уязвимость и неуверенность в себе. Я знаю, что многих мужчин учили тому, что мужчины этого не делают. плакать. Хорошо, может я просить а вопрос? Не Мужчины чувствовать? Делать в них нет никаких эмоций? Ответ: да. Бог дал нам все эмоции, но они должны подчиняться и управляться Святым Духом. Я хочу сказать еще раз что я место нет обвинять на тот Мужчины в мой жизнь потому что я научился у них хорошему, плохому и тому, что между ними.

Я очень благодарен Ларри Макфаддену, который вырастил меня как своего и несет ответственность за то, каким великим человеком я оказался, не идеальным, но потрясающим! Я ценю его и стараюсь показать ему, когда могу его поблагодарить. Я хочу рассказать вам о том времени, когда я был в Калифорнии, и мне нужна была машина. Я позвонил отцу и попросил его расписаться на покупку автомобиля. Он не колебался и сказал: «Ну, тебе нужна машина, чтобы передвигаться». И я получил его в тот же день.

Глава 8 Обнаружение руки Бога

Мне нравится эта песня «Amazing Grace», в ней есть строчка, в которой говорится: «Когда-то я был слепым, а теперь я вижу, что могу по-настоящему оценить это». На самом деле, вся песня, но эта строчка особенно запала мне в душу. Я был настолько ослеплен тем, что считал правильным для меня. Я был очень неспокойным и нестабильным. Я дал хрестоматийное определение бродяги, и если вы не знаете, что это такое, то это означает человека, который бродит с места на место без дома и работы. Я должен сказать, что работа с работой совершенно неправильная. Я всегда работал, но часть, которая резонирует со мной, — это странствующая часть.

Я купил вещи, чтобы наполнять тот пустота. я смотрел хороший на снаружи и внутри я был мертвецом, ходившим, как и многие другие, которые вообще не знают и не признают руку Бога в своей жизни. Я не обращал внимания на звонок, но рано увидел тот духовный мир. я помнить один время в наш трейлер около трёх дней злой дух просто медленно ходил по нашему дому.

Я был напуган до смерти, потому что сплю чутко, поэтому каждую ночь я слышал это, и казалось, что это было прямо в доме. Тогда трейлеры были тонкими, как бумага. Я должен был тогда знать, что имею ценность для Царства Божьего из-за первых нападок на мою жизнь. До того, как мне исполнилось 25 лет, я дважды чуть не погиб в автокатастрофе. Я благодарен за молитвы святых в моей жизни.

В конце концов я начал видеть на себе руку Божью и подчинился Его воле, и тогда жизнь стала легче благодаря моему послушанию Ему. Я смотрю на свою жизнь и поражаюсь всему, чего я достиг. Я никогда бы не подумал, насколько добрым Бог хотел быть ко мне, радуясь, что лампочка наконец зажглась.

Глава 9 Смена декораций

Впервые я уехал из дом был для работы Корп. Я был в горах, в месте под названием Лес Фасги. Я наслаждался видом. Теперь я понимаю, почему я люблю горы. Это было начало а новый начало для мне. я любил как мирный и красиво было тогда. У меня до сих пор есть связь с тремя людьми, которых я встретил там еще в 1997 году. Я начал заниматься садоводством, но когда они сказали: «Мы не можем убивать змей», я ушел. Я записался на кулинарное искусство. Прежде чем вы подумаете, что я какой-то шеф-повар, это не так.

Я умею немного готовить, чувак. Весело ли нам было в классе и вне его? из сорт? я воля сказать мой друзья были определенно более популярен, чем я. Я сейчас узнаю, как люди

прошептал о мне существование гей, хотя я хранится это к я сам, но вы хотите услышать факты. Некоторые из парней, о гомосексуальности которых никто не подозревал, в реальной жизни были геями. Я знаю троих парней, которые были круты со всеми, кто был бисексуалом или хотя бы любопытным, и нет, я никогда ни с кем не встречался, и это можно подтвердить.

Я пробыл там почти два года, уехал и вернулся домой. я имел к получать мой собственный место потому что там был нет Мне досталась комната в доме, поэтому я получил место и начал работать в магазине кассиром/поваром. Я благодарю Бога за Элис Хинтон-Ричардсон (RIP). Она помогла мне устроиться на работу. Мне понравилось работа. я был тот только парень там; мы остались симпатичный занятый, слишком.

Хорошо, да, здесь приходит некоторый драма. я допустимый один из мои друзья из Job Corp приехали и жили со мной, и меня как сына заменили; у этого человека были и остаются неблагополучные отношения со своей семьей, поэтому моя мать была действительно а мать к их. я был потрясенный потому что я вырос чувство что я должен иметь никогда был, и в тот конец, мое сердце был раздавленный после а брат или сестра из мой начал а отношения с ними.

я понимать сейчас что опыт толкнул меня в мой судьба после некоторый драма, ничего физ. я получил избавлять из все в моем доме в Кенли, Северная

Каролина, и примерно на два года переехал в Ричмонд, штат Вирджиния. Я верю, что Бог использовал эту ситуацию, чтобы вывести меня из зоны комфорта, и это сработало.

Я скажу, что это первый раз, когда я впадаю в депрессию и не Забота о что-либо. я являюсь радостный я был нет суицидальный в все,

благодарить Бог. я был а крушение умственно и эмоционально, хотя. Я прекрасно работал в Bayer Aspirin и мог

иметь получил наемный, но я остались вне а неделя как а временный работник и в конце концов уволился.

я делал нет знать это затем, но мой жизнь был о к делать а 180 градусов во многих отношениях, чем один.

Глава 10 Что ты делаешь? Куда ты идешь?

Пробыв какое-то время в Ричмонде, штат Вирджиния, я почувствовал, что двигаюсь. на с мой жизнь пока этот был истинный физически. я теперь я знаю, что это было неправдой эмоционально, духовно и умственно. Я могу вспомнить ситуацию, которая заставила меня пошевелиться, и каждый раз она вызывала неприятные чувства. Я не узнал правды о себе и ситуации. Меня ждало грубое пробуждение, и теперь я знаю, что ужасная правда такова.

лучше чем а красивый ложь.

Мои проблемы имели глубокие внутренние корни, и никакая внешняя вещь не может быть корнем гнева, ярости, ненависти, одиночества, страха и т. д. Мое географическое положение вовсе не вылечило меня автоматически. Я помню, что мне пришлось вернуться в Северную Каролину, чтобы заплатить лицензионные сборы, чтобы получить лицензию VA, и угадайте, с кем я столкнулся? Моя мама и друг, с которым я поссорился. Я могу сказать, что это было а неудобный ситуация, к сказать тот наименее. я чувствовал себя тот тот же гнев, который я испытал, когда уехал из Северной Каролины

Теперь я могу благодарить Бога за то, что Он использовал эту ситуацию, чтобы подтолкнуть меня к моей судьбе! Я просто не знал этого в то время. я Помню, как молился Богу простой молитвой, и это привело меня к Его совершенной воле. Я покаялся в грехах, которые совершил против Бог с а искренний сердце. я честно чувствовал себя как будто я тонул в песке, находясь вне воли Божией. После этой молитвы я почти сразу почувствовал сдвиг. На бульваре Прессон, 1510 мне стало не по себе, и пора было идти.

Я вернулся в Северную Каролину примерно на три месяца, присоединился к военно-морскому флоту и отправился в совершенную волю Божью. В моей семье все еще был полный беспорядок. Я по-прежнему был изгоем, у меня было плохое отношение и я был зол, поэтому теперь я понимаю, почему никто не хотел отношений со мной. Я жаждал связи и искал ее не в тех местах. Я чувствовал, что мне просто придется пройти через это самому! Меня обманули, правда.

Я ненавидел свое первое место службы. Единственным хорошим моментом было то, что я завел пару друзей, и это делало это терпимым. Я был в восторге от того, что уехал оттуда. Я получил свое единственное военно-морское достижение. Медаль там. я может отзывать мой супервайзеры набор Я готов потерпеть неудачу, и это обернулось для них неприятными последствиями. Римлянам 8:28. я должен бытьчестный что тот люди ВОЗ смотрел нравиться мне были в основном против меня, не всех, но большинства.

Могу признать, что мое отношение было не самым лучшим, но я всегда был хорошим работником и строго следовал правилам. Я был волевым и совсем не любил, чтобы мной пользовались. Я ненавижу несправедливость и буду говорить, когда это необходимо. Я устроился, прошел год, а у моей матери случился обширный инсульт, и она так и не выздоровела после всех этих лет. Моя мать сделала что-то странное; она плакала, когда я оставлял ее. Она не делала этого ни с кем другим. Наши отношения не наладились, но мама извинилась передо мной, и, думаю, я тоже.

Мы с отцом впоследствии помирились, который совсем меня не понимал, но кое-что понимает и сейчас. Я вижу, как Богу пришлось отделить меня, чтобы я увидел и не указал пальцем ни на кого другого. Сатана всегда будет заставлять вас сосредоточиться на других, но Бог пытается заставить вас увидеть себя.

Дни Бефлера

Подобно тому, как ветер меняет направление,
Отец мой, у Бога есть план, и он
совершенство.
Как и многие знаменитые художники,
известные человечеству,
одним мазком их кисти шедевр оказывается
под рукой.
БОГ такой же; он мастер-гончар.
Мы — глина.
БОГ никогда не обещал дождливых дней, но
Он дал радугу как обещание и знак надежды
на то, что Он всегда рядом и знает, что лучше.
В жизни иногда темнеет, и туннель
трансформации кажется длинным.
Только помни, автору твоей истории всегда
будет слава,
поэтому , когда кажется, что это слишком
много,
отдай тому, кто со всем этим справится
и поймает тебя, когда ты упадешь.
Я гарантирую, что после дождя всегда будет
солнечный свет, и я выиграю от боли;
Лучшие дни впереди.

Глава 11 Новое начало

я был так благодарный для мой Тетя Бланш и Дядя Кларенсу за то, что позволил мне жить с ними. Я был так разбит и просто зол, когда появился на ее пороге. Они приняли меня без колебаний, и я был благодарен. Теплый прием был очень нужен. У меня было такое чувство, будто я наконец-то нашел дом. Я сразу начал искать работу и нашел ее. Мне очень понравилось жизнь в Ричмонд, ВА. Это был что-нибудь новый. Позволять Я вам скажу, ребята примерно в 1999 году были довольно смелыми.

Однажды ночью меня не было дома, и этот чувак напал на меня, пока я был с другим парнем. Со мной такого никогда не случалось, и это случилось снова. Пока я была с тетей, ко мне попытался подойти парень, и я сказала: «Нет». Я признаю, что был на низком уровне. Я не хотел, чтобы кто-нибудь знал, что я делаю. Мне было стыдно, и я не мог произнести ни слова. Я гей; оно просто не могло вообще выйти наружу.

Я неплохо устроился и связался с парнем, который

продавал наркотики, и в конце концов он отсидел срок. Я был в местном чате , встречался и общался с незнакомцами. Это было очень рискованное и неразумное поведение, потому что я был в незнакомых мне местах, но грех серьезно ослепит вас. Я пытался заполнить пустоту, которую мог сделать только Бог. Я встретил парня, который был тесно связан с индустрией госпел-музыки, и позвольте мне сказать, что я был шокирован тем, что мне сказали, никакого осуждения. Когда я там жил, город был полон насилия, но я из тех людей, которые любят исследовать, поэтому я нашел свой путь.

Мой дядя Кларенс возил меня и пугал до смерти. Однажды он чуть не врезался в чью-то спину, и когда я позвал его, он разозлился и сказал: «В следующий раз пусть твоя тетя возит тебя с собой».

Я ответил: «С радостью». Дядя Кларенс готовил лучшие пироги со сладким картофелем и другие вкусности. Я не могу объяснить, как хорошо было находиться вдали от Северной Каролины.

Мне предстояло еще одно изменение в жизни, но, к счастью, я даже не знал! Подчинился.

Глава 12 Столкнувшись с суровой реальностью

я изучал Мэтью 7:1-6 этот утро. Почему является этот важный? я являюсь радостный ты спросил. От так длинный, когда я смотрел на других, своего отражения вообще не видел. Я сломаю это для тебя. Человек, который меня воспитал, был хорошим человеком, но очень пассивным по отношению к моей матери. Он не руководил, как следовало бы мужчине. Мой отец обеспечивал, но он не принимал решений, которые должен принимать мужчина, чтобы правильно руководить своей семьей. Я к нет означает судить или неуважение мой отец в все. я Я просто рассказываю о своем опыте взросления, о том, как он повлиял на меня, когда я был молодым человеком, и как он сформировал мои отношения с женщинами на раннем этапе.

Мой отец пришел от а двое родителей дом, и его папа был мужественным мужчиной и не проявлял эмоций. Дети обычно следуют тот пример набор до, ли это является хороший или плохой. я взял от него и хорошее, и плохое. Я благодарен за все, чему он меня научил, потому что по большей части у меня все получилось. Я знаю сейчас дети учиться что они жить и что имеет жил до них всегда. Я молюсь, чтобы однажды стать лучшим примером, потому что я знать что эффект существование а плохой один имеет левый на мне.

я воля сейчас рассказывать ты о мой мать. Она был а подросток когда она получил беременная в 15 к а молодой мужчина а маленький старшая чем ее. Я могла только представить, что сейчас так молода и встречаюсь с парнем постарше. Я верю, что отношения были по обоюдному согласию. Мой отец был а женатый мужчина и этот имеет вызвало драму. я не место обвинять на любой, но я воля сказать этот был полный бардак. Раньше я думал, почему я пришел сюда таким образом?

Но полагать мне, Бог знал как и когда я бы получать здесь. Раньше мне было стыдно за этот факт, но теперь нет, потому что я знаю сейчас я иметь а цель для существование здесь, и это является приходящий чтобы осуществиться.

Я умоляю родителей, пожалуйста, исцелитесь и избавьтесь от детских травм, прежде чем заводить детей. Пройти терапию – это совсем не плохо. Я считал, что то, чему меня учили, было табу. Получить помощь в моем сообществе означало, что ты сумасшедший. Не все так думают, но значительная часть людей так считает. Я хочу поделиться мемориальной доской, которая висела в нашем старом доме всей семьей. Так подобает воспитывать детей. Я надеюсь, что это проливает свет на токсичные и положительные черты, которые мы передаем нашим семенам.

"Дети учиться что они жить," к Дороти Закон Нолте, доктор философии.

Если дети живут с критикой, они учатся осуждать. Если дети живут с враждебностью, они учатся драться.

Если дети живут в страхе, они учатся бояться.

Если дети живут с жалостью, они учатся жалеть себя.

Если дети живут среди насмешек, они учатся стесняться.

Если дети живут с завистью, они учатся завидовать.

Если дети живут со стыдом, они учатся чувствовать себя виноватыми. Если дети живут терпимо, они учатся терпению. Если дети живут с похвалой, они учатся ценить.

Если дети живут с принятием, они учатся любить.

Если дети живут с одобрением, они сами учатся лгать. Если

дети живут с признанием, они учатся иметь цель. Если дети живут честно, они учатся правдивости.

Если дети живут, делясь, они учатся щедрости. Если дети живут честно, они учатся справедливости.

Если дети живут с добротой и вниманием, они учатся уважению.

Если дети живут в безопасности, они учатся верить в себя и в окружающих.

Если дети живут дружелюбно, они узнают, что мир — прекрасное место для жизни.

Согласен со всем, кроме последних двух. Наша вера должна быть в Боге и только в Нем. Кроме того, мир — не самое приятное место для жизни, особенно сейчас, но я уважаю ее точку зрения. Я оглядываюсь назад на свое детство, и родители дали мне и хорошее, и плохое, и сейчас, в 45 лет, я пересиживаю негатив. Это просто тоже не начинается. Помню, когда я был моложе, меня называли сумасшедшим, и некоторые до сих пор так считают. Я не общалась со своей семьей. Я чувствовал себя чужаком, которого поместили не в ту семью. Теперь я знаю, что Бог очень намеренен, и он знал, что мне нужно получить от моего семейная единица. Я благодарен и люблю свою семью и могу принять, что теперь наши пути просто разные.

После того, как я внимательно взглянул на себя и стал честен, я понял, что ненавижу то, кем я был. Я презирал плохое отношение и негативный взгляд на жизнь. Я чувствовал себя скороваркой, которая могла взорваться в любую минуту. Я действительно был в замешательстве в своих эмоциях и проявлял это в своей повседневной жизни.

и деятельность. Я не знала, с чего начать лечиться. Кому можно было доверять? Перед кем я могу быть уязвим, не будучи

осудили и подвергли остракизму? Я отчаянно нуждался и хотел освободиться от всей этой боли, отвержения, покинутости и страха, чтобы стать целостным.

Я страдал внутри, но теперь я знаю, что то, что происходит внутри, всегда проявляется снаружи. Это похоже на самоотражающее зеркало. Я был немного асоциальным из-за моей низкой самооценки. Некоторые могут подумать, что он никогда этого не показывал; люди склонны защищаться от боли. Я хорошо умел маскироваться и прекрасно мог сливаться с окружающими. Я помню, как мама отправляла меня в магазин, и я старался избегать соседских мальчиков, если они не хотели, чтобы меня приставали.

Я был худощавым парнем с большой задницей. Я очень это ненавидела, потому что некоторые парни действительно хватали меня за задницу, а они предположительно были гетеросексуалами. Позже я узнал, что один из самых популярных парней в округе хотел переспать со мной. Использованные слова заключались в том, что он был увлечен мной. В то время я не понимал, что это значит, но это звучало жутковато, этот же парень вытащил свое мужское достоинство и вспыхнул.

я и моя сестра. Я подвергся сексуальным домогательствам и даже не знал это. я делал иметь однополый Привлечение, но я был также боялся действовать в соответствии с этим, но в конце концов я сделал это с парнем постарше в моей школе. Он выбрал меня один день, и мы прелюбодейный в его машина.

Не могу сказать, что это был хороший опыт. Это был просто опыт, и я делал нет видеть ему снова. Он скоро левый Наша школа. я бы нет всегда иметь закрывать мужской друзья потому что мои чувства могли стать эротическими, и, честно говоря, у них вообще не было этого в повестке дня. с тех пор я смог дружить с а мужчина и нет идти там в все. я был позволяя моя плоть к брать над, и скоро, тот аппетит к исследовать привязанность между мной и другим мужчиной охватила меня, и я сдался.

Надо сказать, что даже на месте мне было стыдно за то, что я делал. Я знал, что это противоречит Божьему закону, и все же это было похоже на духовную твердыню, которая пленила меня, и я вообще не мог противостоять искушению. Мои безрассудные связи на одну ночь настигли меня в 2006 году. Это была какая-то ирония: я молился Богу в гей-клубе в Вашингтоне, просил Бога забрать это желание, и что я больше не хочу этого делать, и Когда наступил январь 2006 года, моя жизнь кардинально изменилась.

Мне поставили диагноз болезнь, которая изменила мою жизнь, и я был шокирован. к мой основной. я имел никогда не было любой тип из болезнь в все. Мне сказал врач, когда он сказал мне, что я веду себя так, будто я удивлен. я честно в розыске к ударить кулаком его огни вне плохой. Я бы оказался в Бригг Сол, если бы не сделал этого. я был в отрицание для о шесть месяцы, и затем это ударять мне как тонна кирпичей сразу: я начал впадать в депрессию по поводу своей жизни и будущего. Бог пообещал мне, что я выйду замуж и создам семью. Как это произойдет

сейчас?

я был безумный в Бог, но я должен иметь был безумный в себя за то, что я так неосторожен. Грех — это развлечение на какое-то время, но цена всегда выше чем что ты являются готовый к платить. я знать теперь, когда я не получил предупреждение о спойлере о смертном приговоре. я получил женатый к а прирожденный женщина. Этот жизнь изменять поставил меня на путь к Богу, обрабатывая меня, чтобы я мог стать служителем, которым я являюсь сегодня.

Глава 13 Одиночество

Я помню, как часто использовал эту фразу, говоря, что могу находиться в комнате, полной людей, и при этом чувствовать себя одиноким. Интересно, сколько людей чувствовали себя так? Я всегда чувствовал себя невидимым. Это чувство началось еще в детстве. Я был застенчивым ребенком и не был похож на своего мужчину двоюродные братья. я имел дары и таланты они делал нет владеть, так Я подумал, что Бог наверняка допустил по отношению ко мне несколько ошибок, и в отчаянии в розыске к быть нравиться их; я только мог нет. я чувствовал себя нравиться У меня не было голоса исключительно долгое время. Я говорил бормоча и не смотрел людям в глаза, когда разговаривал с ними.

Моя самооценка была низкой, и это было довольно долго. Этого сломленного маленького мальчика все еще собирали по кусочкам. Я бы не пожелал никому того, что испытал, кроме себя. Я понял, что у меня есть силы жить и расти благодаря этому. В детстве я тоже был одиночкой. Позвольте мне рассказать вам, что мой дедушка, которого я называл папой, говорил обо мне, когда я был ребенком. Он сказал, "Я бы часто быть играя с мой два двоюродные братья мужского пола, и через некоторое время я пойду один». Моя бабушка, кому я называется Мома, мысль этот был странный,

и мой Папочка сказал ее что это был мой природа к идти мой по-своему, и, конечно же, такова была моя жизнь.

Я третий по старшинству внук, единственный из пяти детей, воспитанных с бабушкой и дедушкой, который пошел на военную службу, как и мой тетя и дяди. я мощь добавлять что я был тот наименее вероятно, пойдет в армию; Мысль о том, что кто-то кричит на меня и мне в лицо, была для меня «нет», а деньги — вот это да, если ты знаешь, что знаешь. Денег у меня не было, а борьба была настоящая.

Моя жизнь действительно стала лучше, и Бог кое-что из меня добился. я делал учиться к слушать к власть. я может представлять себе Бог говоря, что если ты не будешь слушать человека, ты вообще не будешь слушать меня.

я делал выживать восемь годы из нет получающий в беда в военно-морской флот. Слава богу, у меня были опасные ситуации, но все прошло хорошо. Я хотела затронуть тему того, как мужчины всегда относились ко мне неправильно и совершенно по-разному, и я тоже это чувствовала. Это было похоже на то, что я

вызывало у них отвращение. У меня были женские манеры, вот и все. я ненавидел что как хорошо. Мой голос был высокий, и я звучало как девочка! Папа не был рядом со мной, пока я не стал подростком

потому что он работал как а грузовик Водитель длинный расстояние и был дома только на выходных.

Богу пришлось разрушить мою веру в то, что такое отец. Мой опыт имел нет был тот величайший, и я делал толкать снова на искренне подключение с тот мужчина ВОЗ поднятый мне потому что сотворивший меня отверг меня. Многие люди — сломленные мальчики и девочки, потому что они не получили той любви, в которой они нуждались в детстве. Это имеет значение. Я дам своим детям знать, что их любят и что я для них безопасное место. к. результат из а лишенный любви ребенок воля производить а пустота в Дети сердце, и они воля наполнять это с все они можно подумать и в основном себе во вред.

Глава 14 Подожди, не так быстро

Этот является а общественный услуга объявление. Если ты иметь жил определенный способ твой весь жизнь и затем приходить к Христос, твой жизнь не изменится в одночасье. Я не говорю, что Бог не может дать мгновенную помощь. потому что он может. я являюсь предупреждение из а рвение дух. Ты чувствовать нравиться ты являются на вершина из тот мир и может брать о кого-либо или что-либо мы должны делать так, как велит Слово, и наполняться словом, молитвой, постом и размышлением о слово как хорошо. враг из наш душа воля отправлять духи вернуться, чтобы посмотреть, полон или пуст дом, из которого они пришли. Если он пуст, они вернется с семью демонами сильнее, чем они сами, и этому человеку будет хуже, чем раньше.

Я поставил себя в ситуацию, которая сделала меня уязвимым.

Меня обманули, и я помог туда попасть. Я благодарю Бога за то, что он показал мне, что я не так силен, как я думал, и что у меня еще есть там место. Сатане просто нужно небольшое отверстие, чтобы войти. Библия говорит нам, что он ходит туда и обратно, ища, кого он может поглотить. Его атаки очень преднамеренны. Мы должны ежедневно вооружаться словом Божьим, чтобы мы всегда были в состоянии противостоять козням дьявола и его планам. Иоанн 10 говорит нам, что дьявол приходит, чтобы украсть, убить и погубить, если мы не имеем ценности, тогда он не стал бы тратить свое время, враг знает, что у него осталось очень мало времени.

Я хочу призвать всех, кто это читает, что вы можете упасть, но встаньте и в игре никогда не выходите, как бы это ни выглядело. Мне неоднократно приходилось подбадривать себя, чтобы не падать духом. Тяжесть жизни может утомить вас, но Бог сказал нам возложить на Него свою заботу, потому что Он заботится о нас, обратите внимание, как здесь говорится «забота в единственном числе». Жизнь произойдет, и мы не сможем справиться с гонениями, испытаниями и испытаниями, которые делают нас сильными. Я приветствую Божью благодать, помогающую мне справиться со всем, с чем мне придется столкнуться.

Я помню, что моя низкая самооценка привела меня в отчаянные места и лица, позволив мне связаться с

люди, которых я никогда не должен был встретить. Ребята, теперь я понимаю корень проблемы. Во всем всегда есть корень алкоголизма, поскольку мой дедушка мог быть таковым потому, что женился в молодом возрасте и у него не было отца, который мог бы его направлять. Я могу заполнить пробелы в отношении того, что послужило причиной формирования привычки или греха. Я благодарен за возможность быть честным; именно это приносит свободу.

Я никогда не смогу по-настоящему освободиться, пока не стану честным с самим собой, а затем и с Богом. Он любит признаваться, что уже знает, и каждый раз стоит, ожидая, чтобы спасти нас.

Глава 15 Сновидение

Для годы сейчас, я иметь имел эти видения и мечты о моей жене. Я никогда не мог видеть ее лица. Я помню ее волосы и тон кожи, но это все. Я видел маленьких девочек. Я всегда говорил «нет» маленьким девочкам, потому что на самом деле я слишком опекаю, но какого бы здорового и счастливого ребенка он ни послал, со мной все будет в порядке. это. я сидеть иногда и визуализировать наш маленький семья тусоваться дома, ничего не делая, просто проводя время друг с другом. Я считаю, что этот очень простой закон устарел, неправильное использование технологий нанесло вред всем нам. Я хочу и нуждаюсь, чтобы мой дом был наполнен любовью, смехом, весельем и комфортом. Я хочу любой ВОЗ посещения к чувствовать тот гостеприимный дух мы иметь. Я использовал стихотворение «Дети живут тем, чему учатся», и они действительно маленькие губки.

Я помню, как вокруг было много взрослых, которые ругались, как моряки, и знаете что? Я тоже вырос, ругаясь, и у меня это хорошо получалось. Вернемся к мечтам. Еще я хочу писать песни и, возможно, несколько короткометражных фильмов или что-нибудь творческое. Я хочу жить за пределами США большую часть года и иметь мой Дети опыт вещи я никогда делал как а ребенок, как хорошо. яхочу, чтобы они вышли из дома и знали, что их любят и что они может возвращаться если нуждаться быть. я также иметь а страсть для ветераны-мужчины, цветные, потому что им иногда трудно получить то, что им нужно, от той самой системы, которую они с честью служил. Говорящий от опыт, наш белые коллеги обычно получают помощь по инвалидности до выхода на действительную военную службу.

Я не предвзят и помогу всем. Я просто говорю, что ветеранам нужны безопасные места для жизни и рабочие места, где они смогут зарабатывать себе на жизнь и позаботиться о себе. Большинству вообще не нужны подачки. Я сам пользовался этой системой и благодарен за помощь, которую я получил, когда она мне понадобилась. Я знаю, что Бог позволит мне помогать другим, потому что это желание моего сердца. Еще я хочу купить папе и маме дом. Я очень простой парень и не требую многого.

Многие люди мечтают, и это все, что они делают:

никакого плана действий, никакой мотивации или чего-то еще. Я понимаю, что если на этом не будет руки Божьей, то это никогда не сработает. В глубине души я действительно слуга и хочу, чтобы меня использовали для славы Божьей.

Глава 16 Миссис Стэнсил, спасибо!

я хотеть к брать тот время к благодарить мой будущее жена, друг, мать, дети, заступница и многое другое. я ждал для ты для а длинный время. Это был Уолт. я являюсь благодарный что ты решил отправиться в это путешествие со мной. Ты настоящий дар Божий не только для меня, но и для этого мира. я благодарен что Бог даровал тебя таким, каким Он это сделал. Бог точно знал, что мне нужно в ты как а приятель. я знать иногда я мощь работа твой последний никогда, но, думаю, мы склеены, как сумасшедший клей. Мы связаны вместе, пока смерть не разлучит нас, и мы никогда не заговорим. из развод всегда. Это автор Божий дизайн, и мы сделаю это работа. Быть пациент с мне как я получать твой настоящая любовь. Раньше я думал, что меня любили, но это была ложь.

Я хочу, чтобы вы были терпеливы, но тверды со мной, пока я разрушаю свои стены, чтобы впустить вас и стать человеком, которого Бог предназначил для вашей жизни. Я не могу дождаться, когда мы вместе будем служить в Царстве Божьем, помогая менять жизни благодатью

Божьей и Его Святым Духом. Я вижу, как мы сейчас путешествуем по миру с нашими детьми и живем лучшей жизнью на свете. Я верю, что мое последнее будет больше, чем мое прежнее, и ты часть этого. Я выражаю вам свою преданность, приверженность и преданность этому союзу и молюсь, чтобы Бог благословил его двойной порцией помазания, чтобы мы могли исполнять Его волю, а не свою собственную.

Я благодарю Бога за вас и планирую показывать вам, насколько каждый день до конца наших дней у нас будет лучшая совместная жизнь, не сравнимая ни с кем другим. Он будет иметь уникальный дизайн. Мне не терпится встретиться с вами, и когда я это сделаю, я буду точно знать, что вы — мое задание, а я — ваше. А пока я молюсь за вас и нашу семью. Слово Божье не возвращается тщетным, но оно совершает то, для чего Он послал его. Он никогда не умеет лгать и держит обещания.

Подожди, я приду. С любовью,
Дерек Ламон

Глава 17 Подожди Бога

Ждать: к оставаться где-то или останавливаться делает что-нибудь пока кто-нибудь не придет или что-нибудь не произойдет.

я должен сказать я был никогда а массивный вентилятор из этот слово в все. Честно говоря, большинство людей тоже. За прошедшие годы я понял, что слово «ожидание» требует правильного отношения и состояния ума. Я всегда был гиперчеловеком; я не мог оставаться на месте сохранять мой жизнь, постоянно на тот идти от здесь к там и никуда. Ожидание – это Божья дисциплина, которой нет у большинствa.

и это великий дар, которым можно обладать. Я оглядываюсь назад на некоторых старших членов моей семьи и понимаю, что у них был этот дар. У них не было духовный инструменты мы иметь сегодня, но они имел этот подарок. я с тех пор научились просто ждать Бога; отход от его времени обошелся мне дороже, чем я был готов заплатить. Старая поговорка гласит: хорошие вещи приходят к тем, кто ждет.

Это правда, что когда вы ждете идеального Божьего

времени, вы безмерно благословлены. Отец Бог имеет привычку совершать самые удивительные и умопомрачительные вещи, когда мы подчиняемся Ему и доверяем Ему. Ожидание требует определенного уровня доверия к неизвестному и невидимому . Я слепо пошел на военную службу в 2001 году и могу вас заверить, что до сих пор пожинаю плоды простого ожидания совершенной воли Бога. Я не знал, чем хочу заниматься в жизни, и просто молился Богу, чтобы пойти куда угодно и сделать все, что Он хочет от меня. Бог быстро подверг меня испытанию, поскольку я был искренен в своей просьбе, и я отправился в ВМС США.

Я рад, что Бог не дал мне что-то несвоевременное, потому что это бы иметь уничтожен мне, я делал выйти замуж в 38, а теперь некоторые говорят: «Подождите, вы написали письмо с благодарностью миссис».
Стэнсильес , я делал. я воля говорить о что свадьба когда Бог хочет, чтобы я этого сделал. Сейчас я разведенный мужчина, мне 45, и я до сих пор

держась за обещание, которое Бог дал мне в 19 лет. мир мы жить в является а микроволновая печь поколение. Мы хотеть это все сейчас, машина, дом, карьера, все сейчас часто мы не достаточно зрелы, чтобы со всем этим справиться. К этим земным и, главное, духовным дарам нужно обращаться с максимальной осторожностью и уважать, и если мы не знать тот ценить из а вещь, мы иметь тенденцию злоупотребить этим, а затем проиграть.

я иметь определенно получил а благословение и испорченный это вверх потому что я был нет зрелый достаточно к управлять это правильно. Бог пытается преподать нам урок во всем, чтобы Он мог всегда получать славу из нашей жизни. Должен сказать, если кто-то поделится информация с ты, что может помощь ты ценить этот человек независимо от доставки. Если это правда, примите это. Я сторонник того, чтобы есть мясо и выплевывать кости. Раньше я верил, что ложь научит тебя, и просто позволял этому; потом я повзрослел и понял, что если мой отец что-то сделает, у него это не сработает. Зачем мне идти за ним и делать такой же? Что является безумный, но они может делать это потому что они ищите неправильный совет.

Глава 18 Моя неудача была разрешена для возвращения:

Итак, вчера я получил плохие новости о том, что мне не удалось получить работу, на которую я претендовал, из-за моего зрения. Я ненавижу диабет. Это является а ужасный болезнь что может восхищать тот тело со многими недугами. Мне бы хотелось сделать лучший жизненный выбор

касательно мой здоровье, но это является никогда слишком поздно к изменять. я Мне нужно стать лучшим распорядителем того, что Бог дал мне во всех сферах, особенно в этом сосуде. Я потратил так много времени, будучи безрассудным, и это все имеет а расходы прикрепил к это. я должен сказать, я был спокоен о тот отказ и только молился и знал что Эта возможность был нет для мне. я имел а план, но Бог имел еще один, и его план всегда лучший, так что я просто усвою урок

и держать это движущийся. Бог набор отдельно а специфический время для мне в эти годы, 2011 и 2012, чтобы написать, чтобы я мог опубликовать это и помочь кому-то другому. Я уверен, что многие отождествят себя с тем, что у меня есть. ушел через и как я сделал это вне на тот другой сторона, исцеленная, целая и наделенная силой. Я также научился не делиться большинство вещи с фолком потому что половина нет Забота, и остальные ждут, пока вы потерпите неудачу.

Я взволнован по поводу что такое Бог собирается сделать с этим книга, которую он предназначил. Я благодарен, что он выбрал меня, чтобы доставить нации. Я хочу иметь возможность путешествовать по разным странам и рассказывать о Божьей благости и Его благодати во всем. я не мочь брать любой кредит для этот потому что я делал нет даже хорошо учиться по английскому в старшей школе. Я прошел, но, наверное, с трудом. «Слово Божье истинно; он берет глупое мира сего, чтобы посрамить мудрых» 1 Кор 1:27. Бог, мой создатель и правитель, получает всю славу от этого и всего остального, что Он уполномочивает меня делать через Своего Сына Иисуса Христа, моего Господа и спаситель.

я надеяться этот поощряет тот читатель к искать Бог для святость и посвящение и жизнь, угодная Богу через наши тела. И что если вы согрешили и потерпели неудачу, вы можете покаяться и больше никогда не идти этим путем и быть избавленными от этих безбожных сексуальных душевных уз во имя Иисуса. Я люблю вас всех любовью Божией. Да благословит он тебя и сохранит, и пусть лицо его сияет над тобой.

Искренне Ваш,

Дерек Ламон

Заключение

Я благодарен Богу за то, что позволил Богу использовать меня для Его славы, я хочу к добавлять я являюсь нет идеальный, и я все еще делать ошибки, но по его милости я постоянно двигаюсь вперед. Я верю, что некоторым из нас в этой жизни суждено нести более тяжелое бремя, чем другим. Мне вспоминается этот стих: Экклезиаст 9:11 «Я возвратился и увидел под тот солнце, что тот раса является нет к тот быстрый, ни тот боевой к сильный, ни один еще хлеб к тот мудрый, ни еще богатство к мужчины из понимание, ни еще услуга к Мужчины из навык; но время и со всеми ними случился случай». Задание, которое дает Бог, касается стойкости, и нам всем предстоит столкнуться со многими испытаниями и испытаниями.

Я верю, что Бог ищет остаток людей, которые тоже сделают это. Луки 9:23: «И сказал им всем: если кто захочет приходить после мне, позволять ему отрицать сам, и брать поднять его ежедневно переходи дорогу и следуй за мной». Бог квалифицирует призыв так, чтобы те, кто чувствует, Бог мог никогда использовать мне что является а ложь от

Сатана, тот Отец всей *лжи* и всего *ложного*.

я верил, полученный, и задуманный тот врага ложь для много годы, и это был к мой ущерб. я являюсь рассказывать ты, да, что если Бог будет верен Своему слову в моей жизни, он сделает то, что такой же для ты если ты держать на ему и тот обещать что он сделал; он всегда верен.

я любовь ты все с тот любовь из Бог через его Сын, Иисус Христос, мой Господь и СПАСИТЕЛЬ!!!

Дерек Ламон

Секс является Нет Любовь Рабочая тетрадь

Разоблачать:

К раскрыть или позволять к быть открыть в тот воздух.

Этот определение является очень на точка. Первый, это раскрывает хорошо. Вы можете спросить: «Что раскрывает?» Все, что скрыто, может быть порнографией, мастурбацией, групповым сексом, обжорством. Неважно, какой порок был у всех нас, и некоторые из нас еще есть один или несколько таких Работали на или игнорирование, это очень верно.

Бог, к способ из тот Святой Дух, отдал мне эти истории:

Дэйвид& Вирсавия 2 Самуэль 11: Раскрытие что является похоронен под.

Я знаю, что некоторые, возможно, знакомы с этой историей предательства, убийства, прелюбодеяние, и тот уловка к крышка это все вверх. Ты видеть, я может относиться к сокрытию вещей, чтобы идентифицировать себя с Дэвидом. Я расскажу вам немного истории царя Израиля. Он был выбран Пророком Божьим и даже не был включен в список претендентов на эту должность.

Меня это воодушевляет, потому что даже когда другие

забывают, Бог воля и всегда помнить мне. я может отзывать тот стих там говорится: «И вспомнил Бог Ноя». (Бытие 8:1). Дэвид был а скромный овца хранитель, существование их защитник, поставщик, и вообще опекун. Он хорошо выполнял свою работу и был увлечен ею это. Где бы твой страсть является, большинство раз, твой помазание тоже присутствует.

Дэйвид имел нет ушел к боевой с тот отдых из его компания. Однажды вечером он гулял по крыше и заметил красивую женщина. Дэйвид стал заинтересованный в ВОЗ она был, поэтому он послал узнать, кто она, и узнал, что она жена другого мужчины.

Дэйвид делал нет Забота. Этот был его 3-й ошибка, и он лечь с ней. Она забеременела, и Дэвид начал план к крышка его действия, и этот является что тот большинство могущественный человек сделал в момент греховного поступка. Дэвид понял, что его попытки к получать Урия спать с его жена, все неуспешный. Урия был а мужчина из честность и бы нет оставить его компания пойти и провести ночь удовольствия.

Урия даже сказал Давиду, что не сделает этого в лицо.

Он стоял для что он верил, и к сожалению, это расходы ему его жизнь. Я хочу придерживаться тех Божьих принципов, которые он имеет. даровано мне, как этому человеку.

Дэйвид написал а письмо к тот Командир из тот Лагерь к которому был привязан Урия, и велел ему выставить его вперед и вытащить назад тот отдых из тот компания так Урия бы умереть, и он сделал. Урия умер в тот день, и Давид решил, что все, что он сделал, было закончено, пока его не посетил Пророк Нафан. Пророк начал рассказывать Давиду историю.

Давид пришел в ярость, когда Натан закончил, и сказал, что человек, который это сделал, наверняка умрет. Нафан сказал ему: «Ты являются что мужчина," и немедленно Дэйвид раскаялся. Натан рассказал ему что Бог презираемый что он делал и отдал инструкции о том, что с ним произойдет в результате.

Когда мы грешим сознательно или неосознанно, последствия бывают следующими: тот конец результат. Это делает нет иметь значение если мы знать или нет. В большинстве случаев мы предпочитаем не признавать свое неправильное поведение.

Обман опустошил церковь. Мы думаем, что с нами все в порядке, но в Священных Писаниях говорится, что для нас, верующих, праведность подобна грязным лохмотьям и что мы едва справимся. Мы можем

никогда не освободимся от того, чего не признаем, не примем и не попросим прощения, и наконец, ИЗМЕНИМСЯ!!!!

Бог не смотрит на нашу внешность. Он смотрит на наши сердца и определяет, каковы наши истинные намерения, и

поверьте, ваши действия — прямой путь к вашему сердцу. Мы можем обмануть всех остальных, но он все знает и все видит. Я мог бы обмануть кого угодно, но только не людей, у которых есть Божий дух.

В конце концов Давид снова соединился с Богом, но Бог оставил его на время. Давид продолжал преследовать его, и Бог благословил его еще одним сыном. Соломон и Давид успешно царствовали. Это идеальная история о том, как Бог может искупить даже самые ужасные, низкие и темные места. Я рад, что Иисус пошел за меня на Голгофу, чтобы я мог освободиться от своих прошлых грехов, настоящего и будущего. Он потрясающий, и я так рад этому.

Воспитывать:

Давать интеллектуальный, моральный, и Социальное инструкция к (кто-то, особенно дети), обычно в школе или университете.

Как и многие, кто двенадцать лет учился в школе, чтобы получить диплом, честно говоря, я мог меньше заботиться о школе. Я хотел бросить учебу, потому что мне это совсем не нравилось. Надо мной издевались, и из-за этого я был злым. У меня было худшее отношение, и позже в книге вы все поймете, почему. Я закончил учебу вовремя, будучи худшим в классе, и меня это даже не обрадовало. Я не понимала важности этого диплома моя мать, которая не закончила учебу, но получила диплом GED позже.

Деяния 9: История обращения Савла в Павла: преобразование

И, путешествуя, приблизился он к Дамаску, и вдруг осиял его свет с неба: Встреча с Иисусом

И пал он на землю, и услышал голос, говорящий ему: Савл, Савл! что ты гонишь меня? Иисус говорит ему, какой именно грех он совершает.

И сказал он: кто Ты, Господи? И сказал Господь: Я Иисус, которого ты гонишь: трудно тебе идти против уколов. Иисус очень ясно дает понять, с кем он разговаривает.

И он в трепете и изумлении сказал: Господи! что повелишь мне сделать? И сказал ему Господь: встань и иди в город, и будет сказано тебе, что тебе делать.

Саул получил свое первое задание, и оно было простым, примерно таким же, как и Авраам.

Савл сделал, как ему было сказано, и ученику по имени Анания было видение от Господа о Савле. Ему было сказано пойти и возложить руки на глаза Савла, чтобы тот прозрел, но Анания отказался. Иисус заверил его, что Савла собираются использовать во славу Божию. Анания последовал указанию и пошел туда, где был Савл, где его ждали. Анания назвал его братом и возложил руки ему на глаза, чтобы тот вернул ему зрение. Теперь он будет ясно видеть. В Библии говорится, что у него словно пелена упала с глаз.

Меня привели к Савлу, позже названному Павлом, потому что он, по его собственному признанию, был учёным. Он знал еврейские законы как свои пять пальцев. Он был очень умным и решительным человеком. Я верю, что Бог избрал его, потому что знал, что Павел будет служить Ему всем сердцем и был предан делу Христа как Мессии. Павлу пришлось забыть или, по крайней мере, отложить в сторону все, что он знал в естественном мире, и пойти в школу Святого Духа, чтобы руководиться Им, а вовсе не своим разумом.

Я, как и Павел, усвоил, что нам нужно ходить в одну и ту же школу Святого Духа. Если мы когда-нибудь собираемся быть использованными Богом, мы должны отказаться от всех наших плотских мыслей. Мы должны забыть, как мы жили раньше; это только вызывает внутреннюю войну, а Святой Дух — джентльмен. Он вообще никогда не будет навязывать нам Свою волю. Он перейдет на желающее судно. Павел быстро уступил Богу, чтобы вызвать его радикальное обращение; он вообще об этом не думал; он просто подчинил свою волю Богу. Я думаю, что было бы очень мудро сделать то же самое, и мы одержим ту же победу, которую одержал Павел на протяжении всего своего христианского пути.

Расширенные возможности:

Бог тот Отец отдал Иисус' власть для этот назначение к путь Святого Духа.

Мэтью 3: 16,17,4:1-11 КЯВ

Я думаю, что большинство из нас на самом деле не понимают, что Иисус был полностью человеком и полностью Богом. Нам трудно осознать тот факт, что Бог действительно обитал среди нас. Матфея 3:16-17. состояния что Иисус был крещеный, и когда он пришел вне из воду, он принял на себя Духа Божия, и она села, как голубь. Он был уполномочен на искушение, которое ему предстояло пережить в Евангелии от Матфея 4:1-11. Иисус прошел все испытания, потому что знал тот правда, и он делал нет пытаться к драться Сатана в все; он использовал только слово Божье.

Сатана начал добрый из тонкий в пытающийся к помещать сомневаться в нем о том, кем он был в Боге. Казнить Возвышенного Иисуса на тот крест Мэтью 27:32-56

Иисуса привели на крест и распяли; он не пробормотал или жаловаться о тот боль, смущение, насмешки и издевательства вообще. Несмотря на все это, он терпел и сохранял спокойствие. Многие ли из нас не могут даже сдержаться от головной боли? Мы делать каждый извинение из почему мы являются отрицательный в нашем ситуации и сказать я являюсь только человек, но предполагать что? Так было и с Иисусом. Он был полностью Богом и полностью человеком. В Послании к Евреям 4:15 говорится, что трепет имеет первосвященник, который почувствовал то же, что и мы чувствуем сейчас. и еще он делал нет грех. Иисус был оборудованный к выполнять задание в его жизни, как и мы. Мы должны ежедневно полагаться на Святого Духа, который будет вести нас и вести нас ко всей истине, как сказал Иисус. Страдания, которые часто приносят испытания и испытания производит тот фрукты что мы нуждаться: бриллианты являются производится только давлением. Теперь я понимаю, как Бетти Райт пророчески сказала: «НЕТ БОЛИ, НЕТ ВЫИГРЫША». В песне говорится, чтобы что-то получить, нужно что-то отдать. Возможно, я намекнул на свой возраст. Бог избирает обычных мужчин и женщины и использует их делать большой подвиги бывший, Дэйвид был пасти вне с овца и Иосиф был а испорченный ребенок ВОЗ ему пришлось пройти через процесс самоустранения, чтобы осуществить мечты, данные ему Богом.

Мы должны пройти тот же процесс, чтобы иметь возможность выполнить тот воля и план для наш жизни. я являюсь сейчас обретение мудрости, знание, и понимание из мой задание и мой книга является один из их. Бог может и воля использовать другой. Если мы не сможем выполнить его план/волю для нашей жизни, задание помазания будет передано другому. Божья работа будет выполнена с нами или без нас.

Мы должны ежедневно принимать решение исполнять Божьи план для нашей жизни, и мы достигаем этого, поступая точно. Матфея 6:33 33 Но ищите прежде Царства Божия, и правды Его и всех эти вещи должен быть добавлен к ты. я гарантировать ты что этот метод работает, потому что мы не зависим от собственных сил, талантов, интеллекта, денег или связей. Иисус принял и выполнил призвание своей жизни и теперь имеет имя выше каждый имя. я испытание ты как тот читатель к узнайте, какой именно план у Бога для вас, потому что вы все равно будете нести ответственность за что бы он ни был Бог призвал вас сделать. я

молиться что как ты идти через этот рабочая тетрадь, это воля призовите вас искать Бога всем своим сердцем.

Возвышенный:

1. (человека, его ранга или статуса), занимающего высокий или влиятельный уровень; пользовались большим уважением:

Филиппийцы 2: 9-11

Иисус левый его небесный позиция с власть и честь прийти сюда, на землю, чтобы исправить то, что напортачил первый Адам.

Иисус делал нет думать это под ему к приходить вниз к тот уровень просто младенца из плоти и крови. Иисус вырос как человек, у которого тоже были земные отец и мать, и он должен был подчиняться им. как нас учили делать. Иисус прошел все испытания, которые встречались ему во взрослом возрасте. После того, как он ушел в пустыню, он пришел вне готовый к работа.

66 Филиппийцы 2:9 говорит Поэтому Бог также имеет высоко превознес его и дал ему имя выше всякого имени».

В следующих стихах также говорится, что всякое колено преклонится и язык исповедует, что Иисус

Христос — Господь всего. Это включает все тот люди ВОЗ никогда верил и высмеивали Иисус

как а мошенничество. Они воля видеть один день что он является ВОЗ он говорит он есть и что Бог вовсе не лжец! Какой чудесный и болезненный день для тех, кто отверг истину Мессии.

Бог имеет возвышенный нас как хорошо; он рассказывает нас мы сидят в
небесный места Ефесянам 2:6 Мы как верующие являются в Христос поскольку мы подчиняемся Богу Отцу через его повеления и постановления. Иисус — это план, которому нам нужно следовать, чтобы одержать полную победу над каждым врагом, который встречается на нашем пути.

Нам дают много советов следовать за Богом через Иисуса Христа. Он — путь истины и света. Я знаю, что это много раз работало мне на благо. Я не знал, куда меня ведет жизнь, но я доверился Богу через Его Сына и пошел по предначертанному пути. Я умоляю вас поступить так, как поступил Иисус: отдать свою жизнь и следовать за Богом. Это будет лучшее решение, и нет, оно не всегда будет приятным, но это нормально. В любом случае нами руководит вера.

Выполнять:

Нести вне или помещать в эффект (а план, заказ, или курс из действие.

Люк 22:47-65 Король Версия Джеймса

47   И пока он еще говорил , вот а множество, и он это был называется Иуда, один из тот двенадцать, шел до их и приблизился к Иисусу, чтобы поцеловать Его.

48   Но Иисус сказал ему: Иуда! целованием предаешь Сына Человеческого ?

49   Когда окружавшие Его увидели, что будет дальше, они сказали Ему: Господи! не поразим ли мы мечом?

50   И один из них ударил слугу первосвященника и отрезал ему правое ухо.

51   И Иисус сказал в ответ: терпите до сих пор. И Он коснулся уха его и исцелил его.

Тогда Иисус сказал первосвященникам, и начальникам храма, и старейшинам, пришедшим к Нему: не выйдете ли вы, как на вора, с мечами и кольями? Когда я каждый день был с вами в храме, вы не простерли на меня рук: но вот ваш час и сила тьмы.

52 И взяли его, и повели, и привели в дом первосвященника. А Петр последовал издалека.

53 И когда они развели огонь в зале и сели вместе, Петр сел среди них.

54 Но одна служанка, увидев его, когда он сидел у огня, внимательно взглянула на него и сказала: этот человек тоже был с ним.

55 И он отрекся от него, сказав: женщина, я не знаю его.

56 Спустя некоторое время другой увидел его и сказал: и ты из них. И Пётр сказал: чувак, это не так.

57 И о пространстве одного часа за другим

58 уверенно утверждал, говоря, что и этот человек был с ним, ибо он Галилеянин.

59 И сказал Петр: Человек, я не знаю, что ты говоришь. И тотчас же, пока он еще говорил, пропел петух.

60 И Господь повернулся и взглянул на Петра. И

вспомнил Петр слово Господне, как Он сказал ему :
прежде чем пропоет петух, трижды отречешься от
Меня.

61   А Петр вышел и горько заплакал.

62   И люди, которые держали Иисуса, смеялись над
ним и били его.

63   И, завязав ему глаза, ударили его по лицу и
спросили его, говоря: пророчествуй, кто ударил
тебя?

64   И многое другое кощунственно Говорили
против него.

Иисус делал нет бегать от его назначение, и он знал
что это повлекло за собой; он выстоял и хорошо закончил
ради меня, и

каждый человек рожденный и нерожденный. Иисус был
физически, он подвергался мысленным, словесным и
психологическим атакам, но он не дрогнул в своей вере в
то, что у Бога есть план для этой ситуации. Он утомился в
Гефсиманском саду, но продолжал двигаться

и был определенный к получать к тот крест. Он делал, и
один из его последние высказывания можно найти в

Иоанна 19:30. Он заявляет, что все закончено.

Отец Бог, в Иисуса имя, я просить что тот человек прочитав это сейчас, подчинитесь своей воле, примите и согласитесь с вашей волей. Я прошу, если читатель не знает вас как личного спасителя, он попросит вас прямо сейчас войти в его сердце и спастись от их грехов. Во имя Иисуса я молюсь, Аминь.

Вопросы:

1. Делать ты нуждаться к простить любой, включая сам?

2. Делать ты самообвинение, и почему?

3. Иметь ты всегда любил правильно согласно Богу ?

4. Что маленький изменять мог ты делать к гарантировать а победный путь?

5. Как твое сердце?

6. Может ты быть подотчетный к любой и быть уязвимый?

7. Что область являются ты нет сдача в аренду Бог в?

8. Делать ты иметь проблемы с доверием ?

9. Делать ты иметь мамочка и Папа ранил?

10. Делать ты всегда видеть сам исцелился, весь, и процветает?